PÉTITION

DES ANCIENS COLONS

DE SAINT-DOMINGUE

A LA CHAMBRE DES DÉPUTÉS.

PÉTITION

DES ANCIENS COLONS

DE SAINT-DOMINGUE

A LA CHAMBRE DES DÉPUTÉS.

A Monsieur le Président et à Messieurs les Membres
de la Chambre des Députés.

Messieurs,

Des aventuriers courageux et dévoués placèrent Saint-Domingue entre les mains de la France ; tout y prospéra, et cette Colonie parvint bientôt à un degré de richesse et de splendeur, qu'il est rare de voir les choses humaines acquérir dans un laps de temps aussi court.

La marine, le commerce et l'industrie de la France ; ses villes maritimes, ses manufactures, sa population même ; tout éprouvait l'influence vivifiante de ce nouveau véhicule, ajouté à tous les moyens de prospérité que possédait déjà la mère-patrie. Son agriculture, les arts et métiers, le nombre de ses habitans, purent s'accroître, prendre un nouvel essort, se multiplier ; Saint-Domingue était là, présentait des débouchés certains, et versait en retour tous les produits de son sol riche et fécond. Quelle source inépuisable d'échanges, et que de bienfaits réciproques ! aussi vit-on la France croître en forces et en ressources, à mesure que sa Colonie devenait plus florissante ; notre marine faisait trembler l'Angleterre, et notre pavillon était salué avec respect dans les deux mondes.

Des flibustiers, nous aimons à le répéter, avaient mis à la disposition de la France, cette mine qui excitait l'envie et la jalousie de nos rivaux ; mais qui prit soin de l'exploiter, et à qui est - on redevable des trésors immenses qui en sont sortis? à d'autres enfans de la France, non moins aventureux, non moins dévoués, qui osèrent affronter les dangers de la mer et ceux d'un climat destructeur, pour aller fertiliser une terre qui n'attendait, pour produire, que leurs sueurs et leurs capitaux. Nous n'ignorons pas, Messieurs, tout ce que la malveillance a répandu sur l'origine de ces premiers cultivateurs de Saint-Domingue; mais la malveillance s'attache souvent à ce qui est utile, et se venge du succès par le mensonge et la calomnie. Nous n'ignorons pas non plus toute la part que le commerce de la métropole réclame dans l'établissement de cette précieuse colonie; mais, si nous aimons à rendre justice à sa puissante coopération, nous ne craignons pas de lui répondre, quand il élève trop ses prétentions, que d'énormes bénéfices l'avaient plus que remboursé de ses avances et qu'en général il est vrai de dire que depuis long-temps le sol de Saint-Domingue était quitte envers lui. C'est de ce sol qu'avaient été extraites toutes les richesses de Bordeaux, de Nantes et du Hâvre; et ses produits avaient aussi fondé l'existence de la plupart de ces maisons de commerce si opulentes, qui se faisaient remarquer dans ces trois villes avant la révolution.

De tels avantages, procurés à la mère-patrie, assuraient à nos pères, les premiers planteurs de Saint-Domingue, des droits incontestables à la reconnaissance nationale; Messieurs, nous sommes les héritiers de ces droits; et certes, entre nos mains, il n'ont rien perdu de leur force, de leur validité, et comme nos pères, nous avons continué de bien mériter de la France. Les défrichemens, entrepris par eux, ont été achevés, de nouvelles terres cultivées et mises en valeur; enfin jusqu'à l'époque de la révolution, nous avons poursuivi le grand œuvre, et Saint-Domingue n'a pas cessé de verser l'abondance et la prospérité au sein de sa métropole. La France n'eut jamais d'enfans plus soumis que les colons; le Roi, de sujets plus fidèles; nous nous gardions nous-mêmes; en temps de guerre, nos milices défendaient nos côtes; et la France n'avait que deux régimens et une station navale à entretenir. De nouveaux liens s'étaient établis entre nous et nos compatriotes d'Europe; nous aimions à les appeler au partage de nos travaux et de nos bénéfices; notre générosité et notre hospitalité les accueillaient avec empressement, avec grandeur, et nous avions mêlé notre sang à celui de familles considérables et puissantes de la métropole. Tels nous fûmes envers la France; mais, comme citoyens, comment étions nous traités par elle? Messieurs, nous n'avions aucune part à l'administration intérieure du pays; ce n'est même que très-rarement, et comme par exception, que l'on vit des créoles figurer parmi les employés, soit civils, soit militaires de la Colonie; non-seulement toutes les lois, mais encore les moindres réglemens devaient émaner de la métropole; des ordonnances prohibitives nous gênaient dans notre industrie, dans nos spéculations, dans l'exploitation même de nos terres; en temps de guerre, nous manquions souvent de tout, nous vivions de privations; absence totale de prévoyance et d'intérêt; aucun effort pour améliorer notre civilisation, pour embellir nos villes, pour fonder des établissemens utiles; aucune école où nous pussions procurer à nos enfans, l'instruction la plus ordinaire; il fallait les laisser croupir dans l'ignorance ou nous séparer d'eux, et les envoyer réclamer en France le bienfait de l'éducation. Voilà, Messieurs, jusqu'à l'époque de la révolution, tout ce que la politique avide et craintive de la mère-patrie nous avait offert en échange de nos travaux, de nos services et de notre constante utilité.

Mais des coups plus sensibles devaient encore nous être portés par la France. N'allez pas croire, Messieurs, que c'est pour exercer de vaines et fâcheuses récriminations, que nous ajoutons ici au tableau de ses torts que nous venons de vous tracer, celui plus sombre encore de maux réels et de funestes catastrophes qui furent son ouvrage; notre unique but est de constater nos droits à la bienveillance de nos concitoyens, et d'appeler sur nous leur intérêt.

Messieurs, notre exposé nous a conduits à la grande époque de la révolution. Les idées, qui avaient fermenté dans toutes les têtes, nécessitaient la reconnaissance et le développement de principes, de l'application desquels nous sommes loin de nous plaindre, puisque leur dernier résultat est un trône constitutionnel, sur lequel sont assis les Bourbons. Mais il n'en est pas moins vrai que l'exposé seul de ces principes suffisait pour bouleverser Saint-Domingue, anéantir nos familles et nos propriétés. *Les hommes naissent libres et égaux en droits.* —

Périssent nos Colonies, plutôt qu'un seul de nos principes. —
Sans doute, vous vous rappelez ces déclarations mémorables,
faites au sein de vos premières assemblées; eh! bien, Messieurs,
les oreilles qui les entendirent prononcer durent entendre
sonner en même temps la dernière heure des colonies à esclaves. Vainement des publicistes, sans doute dans l'intention
d'affoiblir nos mérites envers la mère-patrie, et de la détourner
de l'intérêt que nous réclamons d'elle, ont prétendu que les
désastres de notre pays doivent être attribués à nos préjugés,
à nos animosités, à nos factions intérieures. Est-ce donc à dire
que ces faibles germes de discorde qu'une administration sage
pouvait d'ailleurs étouffer, devaient nécessairement d'eux-
mêmes, et sans les excitations révolutionnaires, produire la
perte de Saint-Domingue? Cette thèse, Messieurs, est in-
soutenable; et la Colonie était trop fortement constituée, pour
qu'elle ne pût pas, malgré quelques vices d'organisation,
exister encore pendant des siècles, si elle n'avait dû succomber,
victime des principes adoptés par la France, et des fausses
mesures qui lui furent appliquées. Oui, Messieurs, nous avons
péri par les incertitudes, les erreurs et les passions de la Métropole. Par ses incertitudes et ses erreurs : elle ne savait quel
parti prendre sur sa Colonie; d'un côté, craignant de la perdre,
de l'autre, entraînée par les idées qui la dominaient, elle ren-
dait des décrêts contradictoires qui gênaient la marche de
l'autorité locale et lui communiquaient la même incertitude;
pour réprimer des insurrections, elle envoyait des bataillons
et des équipages insurgés; pour contenir les partis, pour ré-
tablir l'harmonie entre les maîtres et les esclaves, elle confiait
son autorité à des commissaires, qui accordaient à ces derniers
une liberté intempestive, funeste à eux-mêmes; et qui pré-
tendaient modérer la fougue des noirs, et sauver la couleur
blanche, en déchaînant spontanément, et sans nulle précau-
tion, quatre cents mille noirs contre trente-cinq mille blancs.
Maintenant, par ses passions : en effet, Messieurs, quelle lutte
épouvantable des passions diverses, et de tout genre, n'établis-
saient-elles pas alors au sein de la France? Les uns étaient
entraînés au-delà du but par le penchant irrésistible qui les
poussait vers les innovations; les autres, regrettant l'ancien
régime, se croyaient tout permis pour faire rétrograder la

marche des événemens, et ramener l'ordre des choses qui leur était favorable; tous s'acharnaient sur Saint-Domingue, et y avaient transporté le théâtre de leurs démêlés et de leurs fureurs; les premiers lançaient les ennemis de la couleur blanche et des propriétés vers tous les excès de la licence, qui sont le pillage, l'incendie et le meurtre; les derniers, comme si déjà il n'eut pas existé assez de dévastation, de ruines et de carnage, s'emparaient des mêmes instrumens, se servaient des mêmes moyens, pour opérer une destruction plus rapide, et pour arriver ainsi plus promptement et plus sûrement à ce qu'ils appelaient une réédification; en un mot, sous l'une et l'autre bannière on saccageait, on brûlait, on égorgeait; et les partis, animés d'une égale fureur, conspiraient également contre l'existence de la plus belle des colonies. Demandez, Messieurs, aux habitans actuels de Saint-Domingue, maintenant que ce grand drame politique est terminé, demandez-leur si au milieu de toutes ces scènes d'horreur, les colons, les vrais colons, ne se rallièrent pas toujours autour de l'autorité, ou du moins de ce qui leur présentait l'ombre de l'autorité; demandez-leur si c'est nous qui fomentâmes les factions, qui divisâmes les couleurs, qui mîmes la torche et le poignard aux mains de nos esclaves, et si, au contraire, nous ne nous montrâmes pas constamment disposés à faire toutes les concessions et tous les sacrifices qui pouvaient ramener l'ordre et la paix. La France avait déchaîné les vents; et ses publicistes veulent rendre responsables des orages et des tempêtes, qu'ils ont excités, ceux qui en ont été les déplorables victimes. Qu'ils examinent avec calme et impartialité la triste série des événemens qui nous ont accablés; et ils verront que notre cause est celle du malheur, et mérite tout l'intérêt d'une mère-patrie dont les écarts et les fautes nous ont perdus.

On nous adresse, Messieurs, un autre reproche, dont nous avons à cœur, comme français, de nous purger; c'est d'avoir livré Saint-Domingue à l'Angleterre. D'abord, l'énonciation du fait n'est pas exacte, car la Colonie ne fut point livrée à l'Angleterre, mais seulement mise en dépôt entre ses mains jusqu'à la paix. Qu'on consulte les diverses capitulations qui furent faites à cette époque par les divers quartiers de Saint-Domingue, et l'on verra qu'il n'en existe pas une seule où cette stipulation ne soit textuellement exprimée. Ensuite, Messieurs, ouvrez vos publicistes; ils ont pris soin de tracer les obligations d'une métropole envers sa Colonie; obligations dont l'inexécution délie nécessairement cette dernière de ses propres obligations envers l'autre. Force, protection et secours : voilà ce qui constitue et caractérise une métropole. Or, pour ce qui nous concernait, en quoi consistait alors la force de la France ? Sans doute la république était puissante et triomphait partout, mais non pas dans les mers des Antilles, où l'appauvrissement de sa marine ne pouvait lui permettre de montrer son pavillon avec gloire , et où, tout au contraire, les flottes et les troupes de l'Angleterre se multipliaient sur tous les points. Maintenant quelle protection la France nous accordait-elle ,.et quels secours pouvions-nous en attendre? On peut dire qu'elle nous avait abandonnés à nous-mêmes; une frégate, deux commissaires, et la guillotine, tels étaient ses moyens de protection; la ruine de nos propriétés, la fuite, la dispersion des blancs, l'incarcération des restes malheureux de cette couleur, l'anarchie enfin , tels en étaient les tristes résultats ; sans troupes européennes , sans munitions, sans vivres , sans espoir même d'en recevoir; pressés, d'un côté par les factions intérieures , de l'autre bloqués par les croisières anglaises; placés entre le poignard des assassins et le fer de l'ennemi...... Messieurs, il fallait périr!..... Nous dûmes donc céder à l'empire des circonstances et mettre en dépôt la Colonie, son avenir, le nôtre et celui de la France en Amérique. Messieurs, que nos frères d'Europe veuillent bien, sur une question aussi délicate, nous juger avec impartialité, eux qui ont appris à leur tour qu'il est des nécessités sous lesquelles il faut plier; mais qu'ils sachent bien qu'il n'y eut point trahison de notre part, et que le dernier de nous aurait péri, si l'on eut osé nous demander plus qu'un dépôt.

Messieurs, il est des momens où la Providence semble se lasser des désastres d'un pays, et où, pour les réparer, elle fait apparaître tout-à-coup un de ces hommes, propres aux circonstances , et qu'elle tient en réserve pour les besoins des choses d'ici bas. Cette époque pour Saint-Domingue était arrivée : un noir, d'une conception vaste, d'une sagacité rare, d'un secret impénétrable, d'un caractère de fer, pour qui la nature avait tout fait et l'éducation rien, dont la couleur même était un avantage; en un mot, Toussaint-Louverture venait de fixer sur lui tous les regards, et de se concillier l'estime générale par l'expulsion des Anglais. Il connaissait mieux que personne l'état des choses, les calamités et les besoins du pays, l'esprit des diverses castes, et les causes de leurs dissentions; il résolut d'appliquer tous les moyens et toutes les ressources qui était en lui au rétablissement de la Colonie; et cette tâche si grande et si noble, qu'il s'était imposée, il sut la remplir.

Notre intention n'est pas, Messieurs, de vous présenter ici tous les détails du gouvernement et de l'administration de cet homme étonnant; il suffit à l'objet que nous nous proposons de vous en tracer les prompts et heureux résultats. Armé d'une autorité sans bornes, et surtout de l'unité du pouvoir, qu'il était parvenu à placer entre ses mains, il imposa silence à tous les préjugés, à toutes les factions; il domina tout, et sous lui, chacun devint un instrument passif pour la restauration et le rétablissement de Saint-Domingue. On n'y fut plus le jouet des partis, dès que les partis purent comprendre que celui qui commandait ne voulait plus et ne pouvait plus être leur jouet; toutes les haines et les animosités s'éteignirent; le noir arraché à la licence, désormais vraiment libre, se réconcilia avec le propriétaire; et tous les deux retournèrent avec zèle à des cultures qui devaient leur offrir un bénéfice commun. Travailler, produire et respecter les propriétés, tel fut le principe adopté par Toussaint, et malheur à ceux qui s'en écartaient et osaient remuer d'anciens élémens de trouble et de discorde. Quel parallèle n'y aurait-il pas à établir entre les chefs et les agents qui, depuis la révolution nous étaient envoyés par la France, et l'homme extraordinaire que la force des circonstances, bien plus que le choix de la mère-patrie avait appelé au gouvernement d ela Colonie. Les premiers arrivaient avec des opinions toutes faites, complètement étrangères au pays; ils commandaient et administraient, chacun sous la bannière et avec les principes de sa faction; leurs idées, leurs vues, leurs plans étaient différens; ils interprêtaient les lois et les décrêts suivant l'intérêt de leurs passions et même de leurs convenances; sous ces hommes là rien de fixe que pour le malheur et la perte de Saint-Domingue. Au contraire, Toussaint était étranger à toutes les factions de la France; il ne connaissait que son pays, ne considérait que les intérêts coloniaux; nulle opinion ne trouvait en lui un partisan, il ne protégeait que la vraie liberté, le travail et l'industrie; il appliquait les lois et les réglemens dans toute leur rigueur; enfin, dans sa marche constante et uniforme, il ne tendait qu'à la répression de la licence et des abus, qu'à l'augmentation des cultures et du commerce, qu'à la prospérité générale.

Ainsi donc, Saint-Domingue, en quelque sorte descendu au tombeau sous les chefs et les agens français, fut rappelé à l'existence par un noir, l'un de ses enfans. Il avait cicatrisé toutes les plaies, séché toutes les larmes; il rappelait les propriétaires, dispersés dans divers pays par la tourmente révolutionnaire; l'abondance avait reparu; nos plaines et nos mornes offraient un aspect florissant; et nous n'attendions que la paix pour renouer nos anciennes relations avec la mère-patrie, et l'enrichir de nouveau de nos produits. Toussaint lui-même n'était pas étranger à ce noble désir; et si les choses n'avaient pas été brusquées, les circonstances manquées, et son propre caractère méconnu, il n'eût peut-être pas été aussi difficile qu'on se l'imagine, de déterminer ce noir, accessible à tous les sentimens élevés, à tous les genres de gloire, à mettre le comble à ses succès, en présentant une Colonie, sauvée par son génie, à la France, qui avait reconnu et fondé la liberté de sa couleur. Mais les destins, en avaient ordonné autrement; et la paix d'Amiens, loin de consolider notre situation intérieure, loin de rouvrir nos paisibles communications, loin de rendre à la mère-patrie une des sources de son ancienne prospérité, vit débarquer sur nos côtes une expédition française, dont nous plaignons, comme Français, le malheur et les épouvantables désastres; et dont aussi, comme Colons, nous aurons à déplorer éternellement les funestes résultats.

Ici, Messieurs, vous devez concevoir combien la suite de cette exposition devient pénible pour nous. Les souvenirs sont encore récents; les blessures saignent encore; la cendre des morts est sacrée; et nos rapports sont intimes et de chaque jour avec des hommes infiniment recommandables, qui ont marqué dans cette expédition; que nous avons aimés, que nous aimons, qui nous ont plaints et soulagés, et dont les qualités et le noble caractère sont dignes d'être appréciés dans tous les temps et dans toutes les circonstances. Aussi, Messieurs, abrégeant peut-être plus que nous ne devrions le faire, de fâcheux détails, nous ne vous dirons que ce qui est indispensable à la cause que nous défendons, et au soutien de la proposition émise par nous ; qu'à toutes les époques, nos malheurs furent l'ouvrage de la France, et qu'enfin nous ayons péri par elle.

Et en effet, Messieurs, sans parler ici de l'imprévoyance qui présida à toutes les dispositions de cette expédition funeste ; des faux aperçus de la mère-patrie sur notre situation intérieure, sur les forces et les moyens de l'homme qui nous gouvernait ; d'une sorte de jalousie qu'il avait malheureusement inspirée ; de l'impéritie avec laquelle on aborda la Colonie et Toussaint lui-même ; de l'inconvenance de faire reparaître sur nos bords des hommes dont la présence seule suffisait pour ranimer les partis ; enfin, sans nous livrer au dégoût de vous signaler les erreurs commises par les chefs, les écueils qu'ils ne surent pas éviter, les piéges où ils se laissèrent prendre ; l'indiscipline d'une armée, sans doute composée des plus braves soldats ; mais démoralisée par les privations, les souffrances et la maladie ; mais aigrie par des résistances de localité auxquelles elle ne s'attendait pas, par un genre de guerre tout nouveau ; et en outre consternée de se voir moissonner par le climat et des combats sans gloire, à deux mille lieues de la France, de ses frères d'armes, et de tous les objets de son affection ; sans vous présenter, disons-nous, Messieurs, le triste développement de ces inconvéniens, déjà assez graves par eux-mêmes, il doit nous suffire, pour caractériser l'entreprise de la France et les désastres qui devaient en être nécessairement la suite, de vous rappeler que cette entreprise avait pour but de remettre les Noirs dans l'esclavage, et que c'était là la consigne, le mot d'ordre donné par le gouvernement dans ses instructions secrètes.

Quoi !... Dix ans auparavant, une liberté intempestive, accordée aux Noirs par les commissaires de la France, avait rempli Saint-Domingue de sang et de ruines, l'avait mis à deux doigts de sa perte ; le génie d'un homme répara tout, éteignit l'incendie que vous aviez allumée, étouffa la licence et l'anarchie que vous aviez apportées sur nos bords; et, lorsque, par ses soins, l'ordre et la paix sont rétablis; que l'ancien esclave a embrassé son ancien maître; qu'il n'y a plus enfin que succès et prospérités à attendre, vous reparaissez parmi nous pour tout bouleverser, pour tout remettre en question; et il semble que, n'ayant pu nous perdre par le don inconsidéré d'une liberté subite, vous ayez compris que vous pouviez le faire par le rétablissement de l'esclavage !... Ah! Messieurs, quel profond aveuglement, et quel génie malfaisant inspirait donc la France !

Mais, disent encore vos publicistes, vous vous étiez groupés autour de Toussaint, et Toussaint était rebelle à la mère-patrie. Messieurs, nous étions à la place où la France nous avait mis, et nous subissions les inconvéniens de la position qu'elle avait pris soin de nous marquer. Toussaint, lui... un rebelle !.... Mais, en admettant qu'il le fût, dites-nous donc ce qu'étaient ceux avec qui la France vient de traiter. Affreuse destinée que celle des colons blancs de Saint-Domingue! Il semble qu'il fallait que leur couleur et leurs propriétés fussent anéanties, pour que la mère-patrie pût se réconcilier avec les noirs et les mulâtres.

Et à cet égard, Messieurs, pour vous donner une preuve incontestable des funestes dispositions du gouvernement envers nous, nous ajouterons que les instructions secrètes, dont nous venons de parler, établissaient aussi diverses cathégories, qui comprenaient généralement tous les Colons par classe et par nuance d'opinion; et qu'à des époques fixes, chacune de ces classes devait être déportée. Remercions le ciel de ce que, pour l'honneur de la France, des cœurs généreux et compatissans aient arrêté l'effet d'une mesure si atroce, qui reçut cependant un commencement d'exécution. Ainsi donc, l'on nous déportait.... et nos propriétés, que devait-on en faire?... Hâtons-nous, Messieurs, de tirer un voile épais sur ces cruelles et douloureuses aberrations de la France; et contentons-nous de vous demander si elles lui furent dictées par nous, et si les épouvantables résultats qu'elles produisirent peuvent nous être imputés.

C'est ainsi, Messieurs, que le respect nous empêche de nous

appesantir davantage sur cette fatale époque ; pour ménager votre sensibilité, nous nous garderons même de rembrunir le tableau de la dernière catastrophe de Saint-Domingue. Les débris de l'armée française capitulèrent ; nous dûmes les suivre, et nous arracher au sol natal ; ceux de nos parens, de nos compatriotes, qui n'eurent pas les moyens ou la volonté de nous imiter, furent tous impitoyablement massacrés ; Toussaint n'était plus là ; le fort de Joux avait été témoin des dernières palpitations de la victime ; et un tigre, épargné, caressé même par le chef de l'expédition, Dessalines, lui avait succédé. L'extermination des blancs fut générale, et la proscription de notre couleur fut inscrite en lettres de sang sur la première page de la constitution Haïtienne. Elle a donc péri, la reine des Antilles !... Et la domination de la France a été remplacée par deux monarchies et une république ; bientôt, cette dernière eut englouti les deux autres ; maintenant elle vit en paix avec notre patrie , avec le pays des blancs.

Messieurs, dans ce cruel et dernier naufrage , dans le dénûment absolu où nous étions plongés, nous dûmes tourner nos regards vers la France ; nous étions ses enfans ; nos pères et nous l'avions servie ; nous avions des droits à son hospitalité , à sa bienfaisance , puisque nous avions contribué à sa prospérité. Eh bien ! sur ce sol toujours ouvert aux nobles infortunes, nous fûmes accueillis avec la plus froide indifférence, nous qui y étions si bien reçus , lorsqu'au temps de notre splendeur, nous venions y répandre nos richesses ; nous dont le malheur était l'ouvrage des circonstances et des erreurs de la mère-patrie. Cette froide indifférence, Messieurs, nous eûmes souvent la douleur de nous convaincre qu'elle était le résultat d'une sorte d'indisposition et [d'amertume envers la classe générale des colons. Les plus modérés nous reprochaient nos fortunes, nous donnaient à entendre que nous avions joui assez long-temps de nos propriétés ; ceux qui ne craignaient pas d'exprimer toute leur pensée faisaient retentir à nos oreilles les épithètes de bourreaux et de vendeurs de Noirs. Insensés, qui ignoraient, ou plutôt feignaient d'ignorer que, dans l'ancien Saint-Domingue, nous vivions sous un régime légal, établi par la France, et que la France elle-même se chargeait du soin d'arracher les nègres aux bords africains, pour les vendre aux planteurs de ses Colonies ! Tel fut l'accueil que nous reçûmes de nos concitoyens. Avons-nous à nous louer davantage du gouvernement qui devait sentir le poids de nos maux, et que nous pouvions croire disposé à panser des blessures qu'il avait faites lui-même ? Messieurs, il est inutile de vous fatiguer du détail des changemens survenus, sous les divers régimes, dans le mode de distribution et la quotité des secours accordés aux colons ; qu'il vous suffise de connaître le traitement actuel qu'on veut bien nous faire. Nous touchons trois cents francs par an et par tête de colon, c'est-à-dire, ce que le dernier des particuliers donne au dernier des mercenaires, pour le servir. Il est bon encore que vous sachiez que, pour être maintenus sur l'état de répartition, nous sommes astreints à produire tous les six mois notre indigence, dans nos municipalités respectives, à l'effet de la faire constater. Voilà tout ce que la France a pu faire pour nous, après tant de vicissitudes et de calamités, dont nous venons de vous entretenir.

Messieurs, puisqu'il fallait tendre la main, nous la tendions en dévorant notre misère ; mais du moins, nous ne craignons pas de l'avouer, un dernier espoir nous restait, et cet espoir nous soutenait. Nous osions, et nous pouvions croire que la France, qui n'avait pas cessé, aux termes des derniers traités, d'être maîtresse de Saint-Domingue, sentant la nécessité de faire fructifier cette possession, et de tirer parti de ses droits, trouverait un jour, dans sa sagesse, le moyen de remplir ce but, si profitable à son commerce, à son industrie, sans nous déposséder des terres, mises en valeur par les capitaux et les travaux de nos pères, et arrosées des sueurs de plusieurs générations. Nous nous croyions d'autant plus fondés dans cette opinion, que, sous aucun régime, la confiscation de nos biens, l'expropriation des colons, n'avait été prononcée par la métropole. Quant à nos anciens esclaves, Messieurs, malgré tout ce que la malveillance a répandu sur nos préjugés et notre aveuglement, nous sentions, mieux que nos détracteurs mêmes, qu'ils ne pourraient plus rentrer dans des fers, brisés depuis si long-temps par la mère-patrie ; mais il n'y avait pas d'inconséquence de notre part à penser, en même temps, que la France, qui percevait autrefois un droit pour la ratification des libertés que nous accordions, voudrait bien s'engager à une indemnité envers nous, pour l'émancipation générale qu'elle avait jugé à propos de prononcer. De cette manière, nous serions restés propriétaires du fonds, et nous aurions été dédommagés de la perte du mobilier. Et en cela, Messieurs, rien que de très-conforme aux principes établis de tous temps chez tous les peuples civilisés; car, qui possède doit continuer de posséder sous tous les gouvernements, malgré tous les traités et autres stipulations politiques, malgré tous les changemens introduits dans les mœurs, dans les usages, dans la situation générale des populations; et qui souffre un tort par une, ou pour une de ces causes, doit être indemnisé. A la vérité, nous ne nous dissimulions pas que ces terres seraient devenues, entre nos mains, des possessions illusoires, puisque nous n'aurions pas été plus disposés à aller les cultiver, que les Haïtiens à nous recevoir parmi eux; mais, dans ce cas, il eût été naturel qu'en leur en cédant la propriété, ils se fussent engagés de leur côté à des dédommagemens envers nous. Ainsi donc, double indemnité; l'une, de la part de la France, pour l'émancipation générale de nos esclaves; l'autre, de la part des Haïtiens, pour nos terres qu'ils auraient retenues. Voilà, Messieurs, ce que nous aimions à attendre de la justice, de la loyauté et de la paternité du gouvernement; ce qui contribuait à nourrir notre espérance, et à alléger le fardeau de nos maux.

Messieurs, que notre réveil fut cruel!... presque tous chargés d'ans et de famille, nous nous trouvons maintenant placés entre l'expropriation et la tombe; car telle est notre affreuse position depuis l'ordonnance du 17 avril. Mais, nous dira-t-on, depuis long-temps, n'étiez-vous pas déjà expropriés de fait? Oui de fait, mais non pas de droit; et il nous semblait qu'en France, le droit ne périssait jamais. A présent plus d'illusions; tout est consommé; et cent cinquante millions, répartis entre les propriétaires de Saint-Domingue, vont leur tenir lieu d'indemnités pour la perte du fond et du mobilier, pour la perte d'un capital, évalué par tous les publicistes, à près de quatre milliards!

En vous entretenant de nos peines, en nous plaignant du coup inattendu qui nous a frappés, notre intention n'est pas Messieurs, d'élever la voix contre l'ordonnance royale et la mesure prise par le gouvernement. Quelle que puisse être notre douleur, nous aimons à penser qu'on n'a rien pu faire, ni rien obtenir de plus avantageux pour nous. D'ailleurs, les colons sont habitués à souffrir, et le murmure est étranger à leur bouche. Nous dirons plus, le sacrifice qu'on a fait de nos intérêts nous devient moins pénible, lorsque nous considérons, comme Français, un événement destiné à répandre un nouveau lustre sur le règne de Charles X, et une réconciliation dont les résultats seront si favorables au commerce, à l'industrie et à la population de la France. En effet, Messieurs, la privation de toute communication avec Saint-Domingue fermait une des sources de la prospérité de la patrie; c'était une vraie calamité pour elle; maintenant les ports de mer et la marine marchande vont reprendre toute leur activité, les villes de Bordeaux, de Nantes et du Hâvre, une nouvelle existence; l'agriculture, les fabriques et les manufactures de tout genre acquerront de plus vastes débouchés; et l'exhubérance de la population, un nouveau moyen d'écoulement. Certes, de tels avantages acquis pour la France justifient assez son gouvernement d'avoir mis de côté tout ce qui pouvait le gêner dans l'accomplissement d'une transaction si importante, si féconde en résultats; et d'avoir pu, dans cette circonstance, s'armer d'assez de courage pour écarter tous les droits et les intérêts des misérables restes d'une population qui va s'éteindre, et qu'on croyait en quelque sorte ne pouvoir plus utiliser pour l'état, qu'en faisant d'elle, la plus complète des abnégations. Mais vous, Messieurs, c'est à la nation que nous parlons, souffrirez-vous froidement, et sans nulle commisération, que la perte de nos dernières espérances, et l'expropriation d'une classe de vos concitoyens acquittent seules tous les frais d'un traité, qui, rouvrant à la France toutes les sources de sa prospérité, termine encore une guerre entre elle et son ancienne Colonie? Au milieu des nouvelles richesses, qui vont affluer dans vos ports, se répandre dans vos provinces les plus éloignées, et en appeler les populations au travail, à l'industrie et au bonheur, verrez-vous d'un œil sec, nos larmes et notre misère; et pourriez-vous dissimuler à votre justice, à votre propre délicatesse, que la mort seule, si vous ne veniez pas à leur secours, terminerait l'indigence de ceux que l'on dépossède de ces mêmes terres dont les produits vont être destinés à augmenter vos ressources; et qui y avaient placé, légalement et à prix d'argent, les bras africains qui les fertilisent encore? Ah! Messieurs, vous êtes Français, et il ne faudrait plus croire à la générosité, à l'honneur français, si vous ne vous empressiez de réparer, autant qu'il est en vous, les inconvéniens et les suites d'une disposition, si profitable à la France, mais si funeste pour nous!

Messieurs, la confiscation et la vente des biens des émigrés avaient eu lieu en vertu de lois et de décrets; la foudre n'avait pas éclaté subitement sur leurs têtes, et ils avaient été avertis du sort qui les menaçait; tout à leur égard, avait été consommé légalement et avec des formalités, qui semblaient ne plus leur permettre d'espoir; d'ailleurs, en faisant abstraction de la justice rendue à une classe d'hommes fidèles, quel avantage résultait-il pour la France de leur remboursement? Cependant, un milliard leur a été largement accordé..... et nous, dont les biens n'ont été ni confisqués, ni vendus en vertu d'aucune loi, d'aucun décret; qui n'avons reçu aucun avertissement du désastre qui allait fondre sur nous; qui avons été contraints par le fer et la flamme de nous arracher au sol natal, à nos propriétés; nous enfin, dont les droits et les intérêts viennent d'être immolés à l'instant même, et sous vos yeux, à une raison d'état, à la nécessité d'une transaction politique qui assure à la France les plus grands avantages; nous, vos concitoyens, vous nous laisseriez expirer sous le coup de l'expropriation, sans chercher à en affaiblir les effets!..... Non, Messieurs, cela n'est pas possible.

Traitera-t-on d'indemnité suffisante les 150 millions que doit livrer Haïti? Mais ce serait là une vraie dérision; car, outre que cette somme est loin de constituer l'intégralité de celle que, suivant toutes les lois des nations policées, on aurait pu réclamer des Haïtiens pour les anciens colons dépossédés, nous avons encore à répondre que le denier de la France n'y entre pour rien; et que c'est un bienfait, dont nous sommes redevables à la munificence du Roi, et en quelque sorte le résultat d'un dernier acte de souveraineté que S. M. a jugé à propos d'exercer sur des sujets qu'elle émancipait, en faveur d'autres sujets malheureux. Ah! Messieurs, ne souffrez pas que les Haïtiens, quand la civilisation aura versé sur eux ses bienfaits, quand le temps aura éteint dans le cœur de leurs descendans toutes les haines et les animosités, ne souffrez pas que, dans la postérité, ils puissent un jour dire : il exista sur cette terre une race d'hommes industrieux, et dévoués à la France; ils furent toujours malheureux par et pour elle; la liberté les expulsa de ce sol, et ils allèrent au sein de leur mère-patrie traîner l'existence la plus déplorable; nos pères apportèrent quelque soulagement à leurs maux; quant à la France elle put les sacrifier, mais elle ne sut jamais adoucir leur misère!....

Messieurs, nous nous résumons.

Nos pères furent les premiers planteurs de Saint-Domingue; leurs capitaux et leurs sueurs fertilisèrent cette terre pour la prospérité de la France; ils nous léguèrent en mourant leur dévouement pour elle, et leurs droits à sa reconnaissance; nous avons marché sur leurs traces, et nous fûmes toujours ce qu'ils avaient été pour le Roi et la mère-patrie, des sujets fidèles, des enfans soumis, des citoyens utiles et industrieux.

La révolution française nous atteignit au cœur; ses principes, les factions qu'elle suscita, bouleversèrent notre pays; la liberté intempestive, accordée à nos esclaves, livra toute notre population au fer des assassins, toutes nos propriétés, à la torche des incendiaires; au milieu de ces désastres, la mère-patrie nous délaissa et nous abandonna à nous mêmes; sans secours, sans protection, nous dûmes céder à la nécessité; mais, persévérant dans notre attachement à la France, nous refusâmes de livrer le territoire qui lui appartenait à l'étranger, et nous le mîmes en dépôt jusqu'à la paix, sous la foi et la garantie des traités.

Enfin, un homme extraordinaire, Toussaint L'Ouverture, arrive au pouvoir, le saisit avec force, éteint la fureur des partis, change en liberté la licence, relève toutes nos ruines, et fait refleurir la Colonie; nous respirons.... Nous nous flattons que la paix va mettre le comble à notre prospérité, en rétablissant nos paisibles communications avec la mère-patrie; mais celui, qui gouvernait alors la France, poussé par la jalousie et l'ambition, dirigé par un faux système, transforme notre situation en état de guerre; il veut remettre dans les fers des hommes émancipés, et il ne réussit qu'à engloutir dans un désastre commun toute la population blanche, une armée entière de braves, et la Colonie. Nous fuyons cette terre ensanglantée par le massacre de nos parens, de nos amis... Nous en sommes proscrits à jamais! Nous abordons aux rives de la France, de cette patrie qui nous est commune, noble asile du malheur; pour la première fois, elle le méconnaît, elle le repousse, car c'est repousser le malheur que de ne l'admettre que sur certificat.

Enfin, on parle d'arrangement et de traité avec les possesseurs actuels de Saint-Domingue; nos cœurs se rouvrent à l'espérance; la France a une guerre à terminer, et de plus vastes débouchés à ménager à son commerce et à son industrie; mais, nous disions nous, elle songera aussi à fixer le sort de ses enfans.... Le traité se conclut, et nous sommes expropriés!.... Le traité se conclut, et la mendicité même deviendrait notre partage, si le Roi, sans doute touché du sacrifice de nos droits, de nos intérêts, n'eut pas stipulé une aumône pour le malheur!....

Ainsi donc, nous fûmes toujours malheureux par la France et pour la France, constamment victimes de ses principes, de ses faux systèmes, de ses erreurs; deux fois elle perdit la Colonie, révolutionnairement, à l'époque de ses premières assemblées, aristocratiquement et pour jamais, sous le consulat et l'empire; enfin, c'est encore nous qui payons aujourd'hui tous les frais d'un traité qui l'enrichit.

Messieurs, notre position mérite tout votre intérêt et la commisération de nos concitoyens; daignez la prendre en considération, et supplier le Roi de vouloir bien ordonner à ses Ministres de soumettre à la Chambre une proposition, pour qu'il soit suppléé par la France à l'insuffisance de l'indemnité de 15o millions, que S. M. a imposée aux habitans actuels de Saint-Domingue, en faveur des anciens Colons.

Suivent les signatures.

Paris. — Imprimerie de GŒTSCHY, rue Louis-le-Grand, n° 27.